BEI GRIN MACHT SICH IHR
WISSEN BEZAHLT

AF153550

- Wir veröffentlichen Ihre Hausarbeit,
  Bachelor- und Masterarbeit

- Ihr eigenes eBook und Buch -
  weltweit in allen wichtigen Shops

- Verdienen Sie an jedem Verkauf

Jetzt bei www.GRIN.com hochladen
und kostenlos publizieren

GRIN

Allgemeine Psychologie. Rubikon-Modell, Emotionen und Motive

Vivien Albers

Bibliografische Information der Deutschen Nationalbibliothek:

Die Deutsche Nationalbibliothek verzeichnet diese Publikation in der Deutschen Nationalbibliografie; detaillierte bibliografische Daten sind im Internet über http://dnb.d-nb.de abrufbar.

ISBN: 9783346743046
Dieses Buch ist auch als E-Book erhältlich.

© GRIN Publishing GmbH
Nymphenburger Straße 86
80636 München

Druck und Bindung: Books on Demand GmbH, Norderstedt Germany
Gedruckt auf säurefreiem Papier aus verantwortungsvollen Quellen

Das vorliegende Werk wurde sorgfältig erarbeitet. Dennoch übernehmen Autoren und Verlag für die Richtigkeit von Angaben, Hinweisen, Links und Ratschlägen sowie eventuelle Druckfehler keine Haftung.

Das Buch bei GRIN: https://www.grin.com/document/1282455

Inhaltsverzeichnis

Abkürzungsverzeichnis

Abb.	Abbildung
bspw.	beispielsweise
bzw.	beziehungsweise
d.h.	das heißt
engl.	englisch
etc.	et cetera
ggf.	gegebenenfalls
sog.	sogenannte
Tab.	Tabelle
z.B.	zum Beispiel

Abbildungsverzeichnis

Tabellenverzeichnis

1 Aufgabe A1

Im Unterkapitel 1.1 wird das Rubikon-Modell erklärt und anhand dessen werden im Unterkapitel 1.2 die Begriffe „Motivation" und „Volition" unterschieden. Im Unterkapitel 1.3 werden Handlungskontrollstrategien nach Kuhl beschrieben. Anhand eines Beispiels wird gezeigt, wie sie sich zielführend einsetzen lassen.

1.1 Das Rubikon-Modell

Das Rubikon-Modell wurde von Heckhausen und Gollwitzer (1987) entwickelt, um die zwei Grundprobleme der Motivationspsychologie, die Wahl von Handlungszielen einerseits und die Realisierung von Handlungszielen andererseits zu unterscheiden und in einem gemeinsamen Modell zu integrieren. Das Modell beansprucht, sowohl das Setzen von Zielen als auch das Streben nach und die Realisierung von gesetzten Zielen zu erklären (Achtziger & Gollwitzer, 2018, S. 357; Heckhausen & Gollwitzer, 1987).

Im Rubikon-Modell wird die Entscheidung des Handelnden als verbindliche Festlegung auf ein Ziel verstanden, mit der eine vollständige Ausrichtung auf die Realisierung des Ziels einhergeht. Dabei geht es von einem zeitlich ablaufenden Handlungsstrom aus (Abb. 1), welcher sich in vier Phasen gliedert und drei bedeutsame Übergänge beinhaltet. Jede Phase stellt eine spezifische Anforderung an den Handelnden dar und zeichnet sich durch bestimmte gedankliche Inhalte, sowie Formen der Informationsverarbeitung aus (Jansen, 2018b, S. 102; Achtziger und Gollwitzer, 2009b, S. 151–152).

In der **prädezisionalen Phase** werden mögliche bzw. zu realisierende Ziele gemäß ihrer Wünschbarkeit und Realisierbarkeit abgewogen. Durch diesen Prozess des

Abwägens wird am Ende der Handlungsphase eine verbindliche Intention gebildet. Damit wird der Rubikon vom Wunsch zum Ziel überschritten (Achtziger & Gollwitzer, 2018, S. 359).

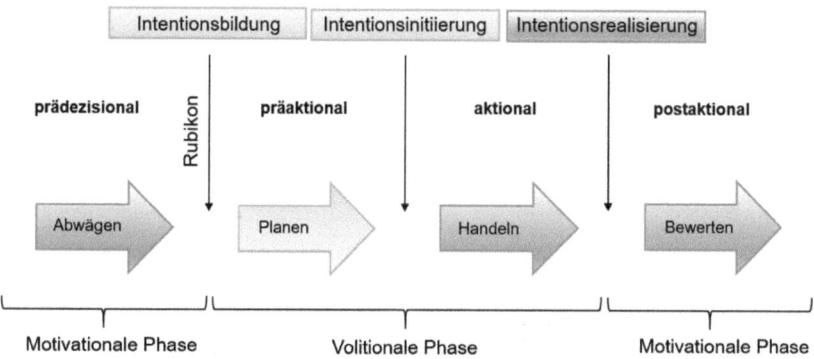

Abb. 1: Das Rubikon-Modell der Handlungsphasen

(Quelle: eigene Grafik in Anlehnung an Heckhausen & Gollwitzer, 1987)

In der **präaktionalen Phase** werden Handlungen und Strategien zur Verwirklichung der Intention geplant. Dadurch wird der Wunsch das Ziel zu erreichen zu einer konkreten Absicht. Am Ende dieser Phase findet die Intentionsinitiierung statt (Achtziger & Gollwitzer, 2018, S. 360).

In der **aktionalen Phase** werden die geplanten Handlungen zur Zielerreichung ausgeführt. Dies wird am besten durch beharrliches Verfolgen des Ziels und durch Anstrengungssteigerung bei Auftreten von Schwierigkeiten erreicht. Am Ende dieser Phase findet die Intentionsrealisierung statt (Achtziger & Gollwitzer, 2018, S. 360).

In der **postaktionalen Phase** werden die Folgen durchgeführter Handlungen bewertet, inwieweit das gewählte Ziel erreicht worden ist und welche Handlungen ggf. noch auszuführen sind (Jansen, 2018b, S. 103; Achtziger & Gollwitzer, 2009b, S. 150).

Da die Intentionsbildung allein jedoch nicht sicherstellt, dass ein Ziel realisiert wird, wurde das Modell um das Konzept der Implementierungsintention erweitert (Gollwitzer und Kinney, 1989). Implementierungsintentionen konkretisieren, bei welcher Gelegenheit welche zielführende Handlung ausgeführt wird. Sie wird gebildet, indem sich eine Person auf eine konkrete Handlungsausführung festlegt. Dies kann im Sinne einer Wenn-Dann-Aussage verstanden werden (Jansen, 2018b, S. 105).

1.2 Motivation und Volition

Motivation ist ein Zustand zielgerichteten Verhaltens, der durch die Parameter Richtung, Intensität und Dauer beschrieben werden kann (Jansen, 2018b, S. 144). Der Terminus Motivation wird für motivationale Prozesse benutzt, welche das Setzen von Zielen (engl. goal setting) betreffen. Motivation umfasst dabei alle Prozesse im Zusammenhang mit der Überlegung von Anreizen und Erwartungen, um zwischen alternativen Zielen und den implizierten Handlungsweisen zu wählen (Heckhausen & Gollwitzer, 1987, S. 103). Hier geht es also um die Frage, welche Ziele eine Person anstreben will. Die Motivation zum Handeln wird sowohl durch die Wünschbarkeit des angestrebten Ziels als auch durch seine wahrgenommene Realisierbarkeit bestimmt (Gollwitzer, 1990; Achtziger & Gollwitzer, 2018, S. 361).

Volition kann im allgemeinen Sprachgebrauch auch als „Willen" bezeichnet werden und ist ein Sammelbegriff für metakognitive oder selbstregulatorische Funktionen (Jansen, 2018b, S. 147). Volition ist diejenige Form der Motivation, sie sich auf das Streben nach Zielen (engl. goal striving) bezieht. Unter Zielstreben werden alle motivationsregulatorischen Phänomene verstanden, die sich um das Erreichen vorhandener Ziele drehen. Volition beinhaltet die Überlegung, wann und wie gehandelt werden soll, um die beabsichtigte Handlungsweise umzusetzen (Heckhausen & Gollwitzer, 1987, S. 103). Somit steht bei der Volition die Frage im Vordergrund, wie die umsetzende Handlung einer bereits gesetzten Zielintention reguliert wird (Achtziger & Gollwitzer, 2018, S. 361; Ach, 1935).

Im Rubikon-Modell dominieren motivationale Prozesse in der prädezisionalen und postaktionalen Handlungsphase, weil in diesem Zusammenhang Wert- und Erwartungseinschätzung sowie Kausalattributionen eine Rolle spielen. In dieser Phase ist die handelnde Person realitätsorientiert. Volitionale Prozesse finden in der präaktionalen und aktionalen Handlungsphase statt, weil in diesem Zusammenhang Prozesse und Phänomene eine Rolle spielen, die mit der konkreten Realisierung im Handeln zusammenhängen, wie z.B. selbstregulative Prozesse. Die Person handelt in diesen Phasen realisierungsorientiert (Achtziger & Gollwitzer, 2018, S. 361; Jansen, 2018b, S. 103).

1.3 Handlungsstrategien nach Kuhl

Wie im Unterkapitel 1.1 bereits angedeutet, reicht eine starke Motivation, ein bestimmtes Handlungsergebnis zu erzielen, oft nicht aus, um dieses Verhalten auch durchzuführen. Handlungserfolg erfordert aus diesem Grund den zielführenden Einsatz von sog. Handlungskontrollstrategien (Achtziger & Gollwitzer, 2018, S. 357; Kuhl, 1983).

Kuhl beschreibt in seiner Handlungsregulationstheorie (1983), dass sich Menschen in ihrer Handlungsregulation unterscheiden und diese Unterschiede auf ihre Fähigkeit zur Regulation von Emotionen zurückgehe (Jansen, 2018b, S. 107). Da es häufig neben einer festgelegten Intention weitere attraktive Alternativen gibt, entstehen widerstreitende Handlungstendenzen. Bei der Anwendung von Handlungskontrollstrategien wird die Aufrechterhaltung nicht-dominanter Intentionen im Gedächtnis unterstützt und von konkurrierenden Handlungstendenzen abgeschirmt (Jansen, 2018b, S. 107). Für einen erfolgreichen Einsatz von Handlungskontrollstrategien spielt zudem der

Kontrollzustand der Person eine Rolle. Es werden zwei Kontrollzustände voneinander unterschieden. Förderlich ist eine **Handlungsorientierung**. Dieser Zustand ist dadurch gekennzeichnet, dass Personen die Kompetenz besitzen, situationsadäquat positive Affekte zu aktivieren und negative Affekte zu schwächen. Mittels der dargestellten Handlungskontrollstrategien sind sie in der Lage flexibel auf Handlungsanforderungen zu reagieren. Die **Lageorientierung** ist dagegen dadurch gekennzeichnet, dass Personen passiv reagieren und sich in negative Gedanken verfangen, sodass der Einsatz von Handlungskontrollstrategien nicht gelingt. Die Ausprägung des Kontrollzustands ist abhängig von aktuellen äußeren Umständen und von persönlichen Dispositionen, eher zur Handlungs- oder zur Lageorientierung zu neigen (Jansen, 2018b, S. 107).

Durch den Einsatz von Handlungsstrategien kann es gelingen, schwierige Absichten auch gegen alte Gewohnheiten und aktuelle Versuchungen durchzusetzen. Wie Handlungskontrollstrategien helfen können, sollen anhand folgenden Beispiels zum Thema Zigarettenkonsum beschrieben werden. Körperliche und psychische Abhängigkeit sowie stabile Gewohnheiten führen einen Raucher ständig in Versuchung, seine guten Vorsätze mit dem Rauchen aufzuhören, zu brechen. Die Handlungskontrollstrategie **Umweltkontrolle** könnte nun eingesetzt werden, indem vorhandene Rauchutensilien, wie z.B. Aschenbecher aus der Wohnung entfernt werden. Sollte sich Suchtdruck einstellen, könnte sich der Raucher z.B. durch sportliche Aktivitäten ablenken und damit die Handlungskontrollstrategie der **Emotionskontrolle** anwenden. Befindet sich der Raucher in Gesellschaft von rauchenden Freunden, kann versucht werden, die Aufmerksamkeit, durch die Strategie der **Aufmerksamkeitskontrolle** vom Rauchen abzuwenden und durch **Enkodierungskontrolle** Gesprächsinhalte über das Rauchen zu überhören. Um Rauchimpulse zu widerstehen, kann die Strategie der **Motivationskontrolle** angewendet werden, indem sich positive Konsequenzen langer Abstinenz vorzustellen (Schmalt & Langens, 2009, S. 93). Eine Tabelle der Handlungskontrollstrategien nach Kuhl (1983) sind in Anlage A zu finden.

2 Aufgabe A2

Im Unterkapitel 2.1 wird der Begriff „Emotionen" definiert und im Unterkapitel 2.1 wird beschrieben, wie Emotionen entstehen. Im Unterkapitel 2.3 wird die Bedeutung des Umgangs mit Emotionen und die Regulation von Emotionen im beruflichen Alltag erläutert. Dabei wird der Begriff „Emotionsarbeit" vertieft.

2.1 Definition Emotionen

Bisher ist es Forschern noch nicht gelungen, eine einheitliche Definition für den Begriff „Emotion" zu entwickeln (Hoffmann & Akbar, 2016, S. 54; Brandstätter, Schüler, Puca & Lozo, 2013, S. 130). Einig sind sich viele Autoren aber darin, dass Emotionen drei wesentliche Komponenten besitzen: die subjektive Komponente, d.h. das Erleben, die physiologische Komponente und die Verhaltens- bzw. Ausdruckskomponente (Helfrich, 2019, S. 108; Myers, Hoppe-Graff & Keller, 2014, S. 496; Hoffmann & Akbar, 2016, S. 56). Die subjektive Komponente bezieht sich auf die Tatsache, dass Emotionen mit einer Veränderung des subjektiven Erlebens einhergehen und nur die Person selbst weiß, wie sie sich in einer gegebenen Situation fühlt. Die physiologische Komponente umfasst alle mit der Emotion einhergehenden körperlichen Veränderungen, z.B. einem erhöhten Herzschlag, einer beschleunigten Atmung, etc. Die Ausdruckskomponente umfasst alle mit dem Emotionserleben einhergehende beobachtbare Verhaltensweisen. Emotionen äußern sich meist in einer bestimmten Mimik, Körperhaltung und Stimme, z.B. das Rümpfen der Nase bei Ekel oder ein Lächeln bei Freude (Hoffmann & Akbar, 2016, S. 56; Jansen, 2018a, S. 13; Ekman, 2010). Neben diesen drei wesentlichen Komponenten lassen sich zusätzlich die motivationale Komponente und die kognitive Komponente identifizieren. Die kognitive Komponente bezieht sich auf das Erleben von Emotionen durch Bewertungen, Gedanken und

Kognitionen. Emotionen sind abhängig davon, ob eine Person ein Erlebnis, einen Reiz oder eine Situation als positiv oder negativ bewertet. Die motivationale Komponente meint, dass eine Emotion eine bestimmte, zielgerichtete Handlung auslösen kann. So motiviert Angst z.b. das Vermeiden einer bestimmten Situation oder eines bestimmten Objekts (Hoffmann & Akbar, 2016, S. 56).

Meyer et al. (2001) identifizieren zudem sieben zentrale Merkmale von Emotionen. Diese sind in Tab. 1 aufgeführt. So lässt sich folgende Arbeitsdefinition für den Emotionsbegriff ableiten: Emotionen sind aktuelle psychische Zustände einer Person, die sich durch eine bestimmte Qualität, Intensität und Dauer auszeichnen und objektgerichtet sind. Jede Emotion geht mit einem charakteristischen Erleben, einer spezifischen physiologischen Veränderung und Verhaltensweisen einher (Meyer et al., 2001; Hoffmann & Akbar, 2016, S. 54). Arbeitsdefinitionen sind vorläufige Erläuterungen eines Sachverhalts und Arbeitsgrundlage für weitere Untersuchungen. Sie haben jedoch nicht den Anspruch einen Sachverhalt ausreichend zu definieren (Hoffmann & Akbar, 2016, S. 54).

Emotionen sind von Gefühlen, Stimmung, Affekt, Persönlichkeitseigenschaften und nicht-affektiven Gefühlen zu differenzieren. Stimmungen dauern im Vergleich zu Emotionen länger, sind weniger intensiv und weniger objektbezogen. Affekte sind sehr intensiv und kognitiv unkontrollierbar. Stattdessen laufen sie meist automatisch ab und besitzen eine starke Verhaltenstendenz. Gefühle bzw. Empfindungen beziehen sich, wie bereits angedeutet, auf die erlebnisbezogene Komponente der Emotion, d.h. die kognitive Interpretation einer psychischen Erfahrung. Sie sind abhängig vom subjektiven Erleben einer Emotion, welche sind auch sprachlich ausdrücken lässt. Persönlichkeitsdispositionen sind im Gegensatz zu Emotionen, welche als „State" von zeitlich begrenzter Dauer sind, als „Trait" situationsübergreifend und von zeitlich unbegrenzter Dauer. Nicht-affektive Gefühle gehen im Gegensatz zu Emotionen, welche zu affektiven Gefühlen zählen, mit keinerlei Bewertung einher, d.h. sie fühlen sich weder positiv noch negativ an. Beispiele für nicht-affektive Gefühle sind das Verantwortungsgefühl,

das Pflichtgefühl oder das Ballgefühl (Hoffmann & Akbar, 2016, S. 55; Jansen, 2018a,

S. 10; Bak, 2019, S. 146-147).

Merkmal	Beschreibung	Beispiel
Qualität	Art der Emotion (z.B. Freude, Wut, Trauer etc.)	„Ich **freue** mich."
Intensität	Stärke der Ausprägung des psychischen Zustands	„Ich freue mich **sehr**."
Dauer	Dauer des psychischen Zustands, meist kurz- bis mittelfristig	„Ich freue mich schon **seit meiner Ankunft** sehr."
Objektgerichtetheit	Objekt, welches die Emotion auslöst	„Ich freue mich schon seit meiner Ankunft auf **mein neues Fahrrad**."
Erleben	Subjektive Komponente bzw. Gefühl, das mit der Emotion verbunden ist	„Das fühlt sich richtig **toll** an."
Physiologische Veränderungen	Messbare körperliche Veränderung	„Ich freue mich so sehr, dass ich am ganzen Körper **zittere**."
Verhalten	Emotionsspezifische, zielgerichtete Verhaltensweise	„Ich habe mich so sehr auf das Fahrrad gefreut, dass ich zum Geschäft **gerannt** bin."

Tab. 1: Merkmale von Emotionen nach Meyer et al. (2001)

(Quelle: eigene Darstellung in Anlehnung an Hoffmann & Akbar, 2016, S. 55)

2.2   Entstehung von Emotionen

Über die Entstehung von Emotionen gibt es eine Vielzahl von Theorien. Diese lassen

sich grob in biologische und kognitive Theorien unterteilen (Helfrich, 2019, S. 108).

Ein grundlegendes Merkmal biologischer Emotionstheorien ist die Annahme, dass

Emotionen angeborene Reaktionen auf bestimmte Ereignisse sind. Diese Reaktionen

haben sich evolutionsbiologisch als sinnvoll und notwendig erwiesen. Zu den biologi-

schen Theorien zählen die James-Lange-Theorie und die Cannon-Bard-Theorie. Ge-

nauer gehören sie zu den psychophysischen Emotionstheorien. Laut James (1884) und Lange (1887) sind Emotionen angeborene Folgeerscheinungen körperlicher Reaktionen, die reflexartig in bestimmten Situationen auftreten. Diese körperlichen Veränderungen werden als Emotionen erlebt. Demnach weine eine Person nicht, weil sie traurig ist, sondern sie sei traurig, weil sie weint (Helfrich, 2019, S. 108; Jansen, 2018a, S. 167). Nach Cannon (1927) sind Emotionen dagegen bestimmte Reize, die gleichzeitig, aber unabhängig voneinander eine physiologische Reaktion und ein subjektives Gefühl bzw. Erleben auslösen. Weder Körper noch Geist geben dabei dem jeweils anderen vor, wie er reagiert (Helfrich, 2019, S. 108; Gerrig et al., 2011, S. 461).

Im Mittelpunkt kognitiver Emotionstheorien steht die Annahme, dass zwischen potenziell emotionsauslösenden Reizen und einer emotionalen Reaktion Bewertungsprozesse liegen. Aus diesem Grund muss eine potenziell emotionsauslösende Situation nicht zwangsläufig mit dem Auslösen einer Emotion einhergehen. Die Art und Stärke der Emotion hängt von der Bewertung der Situation ab (Jansen, 2018a, S. 28; Worcester, 1893, S. 285–298). Zu den kognitiven Emotionstheorien gehört die Zwei-Faktoren-Theorie, auch Schachter-Singer-Theorie genannt. Schachter und Singer (1962) sahen Emotionen als Ergebnis zweier interaktiver Prozesse zwischen physiologischen Reaktionen auf bestimmte Reizsituationen und deren nachfolgender kognitiver Bewertung. Eine physiologische Erregung sei eine notwendige Bedingung für Emotionen. Diese Erregung müsse aber noch durch Kognitionen bewertet werden, damit ein Emotionserleben erfolgt. Emotionen umfassen demnach zwei Faktoren. Empfindet eine Person eine physiologische Erregung, für die sie im jeweiligen Augenblick keine Erklärung findet, wird sie dieses Gefühl mit denjenigen Kognitionen beschreiben, die gerade verfügbar sind. Fällt einer der beiden Komponenten weg, erlebe diejenige Person keine oder nur eine schwache Emotion (Helfrich, 2019, S. 108; Bak, 2019, S. 169; Jansen, 2018a, S. 29). Eine weitere Emotionstheorie ist das Transaktionale Stressmodell nach Lazarus (1966). Er nahm an, dass Emotionen das Ergebnis eines Bewertungsprozesses sind, welcher in zwei Schritten verläuft. Im ersten Schritt, dem sog. primary appraisal, wird bewertet, ob es sich um einen positiven, negativen oder irrelevanten Reiz handelt. Ein Reiz könnte also erfreulich oder auch bedrohlich sein. Im zweiten Schritt, dem secondary appraisal, wird bewertet, ob diejenige Person in der Lage ist, diese Situationsanforderungen zu bewältigen. Emotionen entwickeln sich zudem dynamisch, sodass es immer wieder zu einer Neubewertung, einem sog. reappraisal kommt, welcher abhängig von den ersten beiden Bewertungen ist. Somit ist die subjektive Bewertung einer Person entscheidend für das emotionale Erleben (Bak, 2019, S. 170; Jansen, 2018a, S. 33).

2.3 Emotionsregulation im beruflichen Alltag und Emotionsarbeit

Mit Emotionsregulation sind alle Prozesse gemeint, welche die spontane Entfaltung von Emotionen beeinflussen. Emotionen können sowohl hinsichtlich ihrer Qualität als auch ihrer Intensität, ihres subjektiven Erlebens und ihres Ausdrucks verändert werden. Diese Prozesse müssen dabei nicht bewusst ablaufen, d.h. sie können zwar kontrolliert werden, aber auch automatisch ablaufen (Gross, 2014).

Emotionsregulation ist meist hedonistisch oder sozial motiviert. Drei wesentliche Gründe dafür sind das Ziel des Impressionsmanagement, d.h. Emotionen werden reguliert, um bei anderen Personen einen guten Eindruck zu hinterlassen, das Ziel der sozialen Kontrolle, d.h. Emotionen werden reguliert, um andere zu manipulieren und zuletzt prosoziale Ziele. Das bedeutet, dass Emotionen reguliert werden, um andere Personen vor emotionalem Schaden zu schützen oder sie zufriedenzustellen.

Voraussetzungen für eine erfolgreiche Emotionsregulation ist zum einen das Wissen über Emotionen und zum anderen das Wissen über soziale Normen. Um Emotionen regulieren zu können, muss eine Person dazu in der Lage sein, eigene Emotionen sensibel wahrnehmen zu können und Diskrepanzen zwischen wahrgenommener Emotion und den Vorstellungen einer angemessenen emotionalen Reaktion zu erkennen. Emotionsbezogene soziale Normen regeln, welche Emotionen in gegebenen Situationen als angemessen bewertet werden und wie diese zum Ausdruck gebracht werden sollten. Solche Normen unterscheiden sich je nach Zeitgeist, Kultur oder sozialer Rolle (Jansen, 2018a, S. 83-84).

Im beruflichen Alltag spielen besonders arbeitsbezogene Normen eine Rolle, welche ebenfalls einen Einfluss auf die Emotionsregulation ausüben. In vielen Berufen existieren klare Emotionsnormen, deren Erfüllung unmittelbar mit erfolgreicher Berufsausübung verknüpft ist. Die Fähigkeit, bestimmte Emotionen gezielt manipulieren zu können, spielt aus diesem Grund oft eine wichtige Rolle. So müssen Servicekräfte in der Gastronomie auch gegenüber unfreundlichen Gästen freundlich auftreten und Gefühle wie Ärger unterdrücken. Auf der anderen Seite wird von Polizisten und Soldaten erwartet, weniger positive Emotionen zu zeigen und sich eher in einem Ärger ausdrückenden Verhalten zu üben (Brandstätter, Schüler, Puca & Lozo, 2018a, S. 222-227; Jansen, 2018a, S. 85; Fischer et al., 2004).

Die Emotionsregulation im Arbeitskontext wird „Emotionsarbeit" genannt (Hochschild, 1983). Im Rahmen der Emotionsarbeit werden Gefühle willentlich herbeigeführt oder unterdrückt, um ein äußeres Erscheinungsbild zu schaffen, welches wiederrum eine bestimmte Auswirkung auf das Gegenüber haben soll wie z.B. Kundenzufriedenheit. Dabei werden zwei verschiedene Formen der Emotionsarbeit unterschieden. Beim **Surface acting** wird lediglich der emotionale Ausdruck unterdrückt, während das Erleben der Emotion unverändert bleibt. So lächelt eine Verkäuferin zwar, ärgert sich aber dennoch über einen unfreundlichen Kunden. Von **deep acting** wird gesprochen, wenn das Erleben der Emotion unterdrückt wird, sodass der emotionale Ausdruck nicht mehr aufkommt. Dies kann durch eine Umbewertung der Situation geschehen. So würde das Gefühl des Ärgers bei einer Verkäuferin ausbleiben, da sie den Umgang mit einem solchen Kunden als alltäglichen Aspekt ihres Berufsalltags bewertet (Jansen, 2018a, S. 85-114; Brandstätter et al., 2018a, S. 226-227).

3 Aufgabe A3

Im Unterkapitel 3.1 werden implizite und explizite Motive voneinander unterschieden. In Kapitel 3.2 werden die Begriffe Motivkongruenz und Motivinkongruenz beschrieben und negative Folgen von Motivinkongruenz sowie Präventions- und Interventionsmaßnahmen, um Motivkongruenz herzustellen, benannt.

3.1 Implizite und explizite Motive

Bei impliziten und expliziten Motiven handelt es sich um zwei unterschiedliche Motivsysteme. **Implizite Motive** entwickeln sich früher als explizite Motive und basieren auf frühkindlichen, vorsprachlichen und affektiven Erfahrungen. Durch diese affektiven Erfahrungen bilden sich stabile Präferenzen für bestimmte Anreize heraus. Aus diesem Grund werden sie auch als affektgesteuerte Bedürfnisse bezeichnet. Diese Bedürfnisse sind unbewusst und können nicht über den Selbstbericht erfasst werden, sondern erfordern einen indirekten Zugang, z.B. durch den Thematischen Auffassungstest (Jansen, 2018b, S. 93-94; Brandstätter et al., 2013, S. 68). Implizite Motive sagen Verhalten in offenen Situationen, also operantes Verhalten, vorher. Operantes Verhalten ist ein frei auftretendes Verhalten in strukturell offenen Situationen. Dieses Verhalten ist also eher spontan, beruht auf Eigeninitiative und betrifft längerfristige Verhaltensweisen, z.B. die längerfristige Lebensausrichtung oder Karriereentwicklung (Brandstätter, Schüler, Puca & Lozo, 2018b, S. 83-84; Puca & Schüler, 2017, S. 232). Zu Impliziten Motiven gehört das Leistungsmotiv, das Anschlussmotiv und das Machtmotiv. **Explizite Motive** basieren dagegen auf Anforderungen und Erwartungen von wichtigen Bezugspersonen und gesellschaftlichen Normen und Regeln. Sie sind Teil des Selbstkonzepts und bestehen aus bewussten Selbstzuschreibungen. Hier handelt es sich um kognitive Bedürfnisse, welche auf soziale Interaktionen basieren und eng an Sprache gebunden sind. Aus diesem Grund können sie per Fragebogen oder Selbstbericht erfasst werden (Jansen, S. 94; Brandstätter et al., 2013, S. 68). Explizite Motive sagen respondentes Verhalten vorher, d.h. bewusst-reflektiertes Verhalten in eher klar strukturieren Situationen. Zu klar strukturieren Situationen gehören Entscheidungen und Bewertungen, z.b. die Wahl zwischen Aufgaben verschiedener Schwierigkeitsgrade. Diese beruhen auf der Grundlage von bewusster Abwägung und dem Abgleich mit dem Selbstbild. Dieses Verhalten ist zudem eher eine Reaktion auf äußere Faktoren, z.b. die Erwartungen des sozialen Umfelds (Brandstätter et al., 2018b, S. 83; Puca & Schüler, 2017, S. 232). Es wird angenommen, dass implizite und explizite Motive arbeitsteilig wirken. Während implizite Motive einen energetisierenden Charakter haben, haben explizite Motiven einen steuernden Charakter (Brunstein 2010, S. 249).

3.2 Motivkongruenz und Motivinkongruenz

Motivkongruenz meint die übereinstimmende Ausprägung von impliziten und expliziten Motiven. Motivinkongruenz bedeutet die mangelnde übereinstimmende Ausprägung impliziter und expliziter Motive (Jansen, 2018b, S. 98; Brandstätter et al., 2018b, S. 91). Das bedeutet, dass implizite und explizite Motive in zwei verschiedene Richtungen gehen. Während ein Motiv stark ausgeprägt ist, ist das andere Motiv schwach ausgeprägt.

Zur Erklärung von Motivinkongruenz wird zum einen angenommen, dass implizite Motivanregungen nicht ausreichend wahrgenommen werden und somit nicht zur expliziten Zielsetzung genutzt werden können und zum anderen wird angenommen, dass eine starke Orientierung an Umweltfaktoren sowie eine geringe Orientierung an intrapersonellen Informationsquellen, z.B. Affekte, zur Inkongruenz führen (Jansen, 2018b, S. 99). Zur letztgenannten Ursache zählt ein schlechter Zugang zum eigenen

Körpergefühl, eine hohe Selbstüberwachung sowie eine geringe referenzielle Aktivität, d.h. die Fähigkeit non-verbale in verbale Repräsentationen umsetzen zu können, vice versa (Brandstätter et al., 2018b, S. 92; Brunstein, 2018, S. 288).

3.2.1 Negative Folgen von Motivinkongruenz

Motivinkongruenz verursacht dauerhafte intrapsychische Konflikte zwischen den unterschiedlichen Handlungs- und Erlebenstendenzen impliziter und expliziter Motive. Diese wirken wie ein unbewusster Stressor und führen zur Beeinträchtigung des emotionalen und körperlichen Wohlbefindens, der Lebenszufriedenheit, der volitionalen Ressourcen und der Gesundheit. Zudem erfordert die Handlungsregulation bei Motivinkongruenz ein erhöhtes Maß an Selbstkontrolle, der jedoch Grenzen gesetzt sind, sofern es nicht gelingt, beide Arten der Motivation miteinander in Einklang zu bringen (Brunstein, 2018, S. 289; Brandstätter et al., 2018b, S. 92).

Die Verfolgung motivkongruenter Ziele gelingt meist besser und ist erfolgreicher als die Verfolgung motivinkongruenter Ziele. Der Grund dafür ist, dass eine Vielzahl von Prozessen, welche die Zielverfolgung unterstützen, z.B. eine Aufmerksamkeitsausrichtung, automatisch in Gang gesetzt und gesteuert werden, wenn eine Tätigkeit oder ein Ziel durch ein implizites Motiv unterstützt wird. Fehlt die Unterstützung durch ein implizites Motiv, müssen alle Prozesse zur Zielverfolgung willkürlich in den Gang gesetzt werden, was volitionale Ressourcen mindert und im Erleben als Anstrengung und Unlust spürbar ist. Fortschritte bei der Verfolgung eigener Anliegen äußern sich nur dann in positiven Affekten und einem Anstieg des emotionalen Wohlbefindens, wenn diese Ziele mit der Motivstruktur einer Person kongruent sind (Brandstätter et al., 2018b, S. 92; Puca & Schüler, 2017, S. 292). Weitere Variablen, die den Einfluss der Motivinkongruenz auf das Wohlbefinden moderieren, sind der Grad an

Perfektionismus und die Kontrollüberzeugung bzw. Handlungs- oder Lageorientierung einer Person (Brandstätter et al., 2018b, S. 92). Während handlungsorientierte Personen Ziele verfolgen, die mit ihren Motiven thematisch gut übereinstimmen, stehen die Ziele Lageorientierter in keinem erkennbaren Zusammenhang zu ihren impliziten Präferenzen. Lageorientierte Personen neigen vor allem unter Stress dazu, Ziele aufzugreifen, die von ihren impliziten Motiven stark abweichen können, da diese Personen Schwierigkeiten bei der Regulation von negativen Affekten aufweisen. Kleine Fehlschläge führen dann dazu, dass sie in Grübeleien verfallen, was negative Affekte wie Gefühle der Anspannung begünstigt. Diese können über lange Zeit bestehen bleiben. In diesem Zustand der fortdauernden Anspannung können eigene emotionale Präferenzen nicht mehr erforscht und in die Bildung selbst gesetzter Ziele integriert werden. Handlungsorientierte Personen sind dagegen in der Lage, Zustände der Anspannung zu regulieren und in Zustände der Entspannung zu überführen. Dies ist eine wichtige Voraussetzung dafür, bei der Bildung von Zielen auf Gedächtnissysteme zugreifen zu können, in denen eigene affektive Präferenzen abgespeichert sind. Lageorientierten Personen bleibt dieser Zugang meist verwehrt, sodass es für sie nicht möglich ist, ihre eigenen inneren Bedürfnisse zu erkennen. Stattdessen werden ihre Handlungsabsichten durch soziale Erwartungen und äußeren Einflussfaktoren bestimmt (Brunstein, 2018, S. 289).

3.2.2 Interventions- und Präventionsmaßnahmen

Präventionsmaßnahmen sollen verhindern, dass Motivinkongruenz überhaupt entsteht. Sie basieren auf den beiden Grundgedanken, dass sich Menschen zum einen häufig Ziele setzen, die nicht zu den eigenen impliziten Motiven passen und zum anderen eine bessere Abstimmung der Ziele an die impliziten Motive gelingt, wenn

Menschen ihre Affekte und weniger rationale Überlegungen bei der Zielsetzung be-
rücksichtigen. In Rücksichtnahme auf diese beiden Faktoren gibt es verschiedene prä-
ventive Ansätze. Damit sich Menschen Ziele setzen können, die zu den eigenen impliziten Motiven passen, ist es notwendig, sich einen Zugang zu ihnen zu verschaffen.
Dieser Zugang zu impliziten Motiven gelingt bildhaft, z.b. über eine lebhafte Imagina-
tion des Ziels, des Zielverfolgungsprozesses und den mit dem Ziel verbundenen Affekten (Brandstätter et al., 2018b, S. 92). Zielimagination bezeichnet die wahrneh-
mungsanaloge Simulation der Verfolgung und Verwirklichung eines potenziellen Ziels.
Sie werden eigeleitet, noch bevor sich eine Person an das betreffende Ziel gebunden
hat. Die gedankliche Simulation von Handlungsabläufen fokussiert auf die Erfahrung
und die Affekte während des Zielstrebens. Informationen werden rasch und intuitiv,
aber auch analytisch verarbeitet und die Person kann sich dabei von früheren emotionalen Erfahrungen leiten lassen. Zielimagination führt zur Anregung impliziter Motive
innerhalb des Kontextes des erwogenen Ziels, sodass eine Person sich besser ent-
scheiden kann, ob das betreffende Ziel ihren Bedürfnissen entspricht oder nicht. Ziele
lassen sich effektiver realisieren, wenn sie durch dazu passende Motive unterstützt
werden. Allerdings setzt dies voraus, dass sich eine Person lebhaft und anschaulich
vergegenwärtigen kann, was es für sie bedeutet, ein bestimmtes Ziel zu verfolgen und
es zu realisieren. Das Verfahren der Zielimagination ist zudem recht aufwändig und
bedarf zumindest anfänglich der externen Anleitung (Brunstein, 2018, S. 289).

Eine Weiterentwicklung der Methode, Ziele den impliziten Motiven anzupassen ist
über verschiedene Zieloptionen zu fantasieren und hierbei den Fokus auf motivspezi-
fische affektive Anreize wie Freude, Glück und das Gefühl der Stärke zu legen. Solche
Ziele weisen eine höhere Übereinstimmung mit den impliziten Motiven auf als Ziele,
die nicht über einen Zugriff über den Affekt analysiert worden sind (Brandstätter et al.,
2018b, S. 93).

Besteht bereits eine Motivinkongruenz, sind **Interventionsmaßnahmen** notwendig. Für den Alltagsgebrauch eignen sich, wie auch bei der Prävention, Zielimaginationen und das Fantasieren über Ziele. Zudem ist eine Selbstbeobachtung bzw. das Reflektieren über sich selbst und wie sich die Zielverfolgung anfühlt, hilfreich (Brandstätter et al., 2018b, S. 93). Emotionale Bewältigungsstrategien, wie das Mitteilen emotionaler Erlebnisse (engl. emotional disclosure), können die negativen Folgen der Motivinkongruenz auf das Befinden mindern (Brandstätter et al., 2018b, S. 93).

Insgesamt lässt sich sagen, dass Selbstbestimmung bei der Auswahl von Handlungszielen sowie das Vermögen, sich die emotionale Bedeutung von Handlungsalternativen lebhaft zu vergegenwärtigen zwei Beispiele sind, wie explizite Handlungsziele mit impliziten Motiven in Übereinstimmung gebracht werden können, sodass eine Motivkongruenz hergestellt werden kann (Brunstein, 2018, S. 290). Bislang gibt es allerdings erst wenige Ansätze darüber, wie Motivinkongruenz konkret reduziert und Motivkongruenz hergestellt werden kann (Brandstätter et al., 2018b, S. 93). In diesem Bereich bedarf es weiterer Forschung.

4 Anlagen

Anlage A: Handlungskontrollstrategien nach Kuhl (1983)

Strategie	Beschreibung	Beispiel
Aufmerksamkeitskontrolle	Aufmerksamkeit auf Informationen fokussieren, die für die Zielrealisierung förderlich sind.	In einem Konfliktgespräch in der Mimik des Gesprächspartners nach versöhnlichen Signalen suchen
Enkodierungskontrolle	Diejenigen Merkmale von Reizen abspeichern, die sich auf eine aktuelle Absicht beziehen.	Bei einem Text nur die Inhalte abspeichern, die für das Referat relevant sind.
Motivationskontrolle	Sich die positiven Anreize des Ziels vor Augen halten	An die schönen Seiten der Zielerreichung denken
Emotionskontrolle	Sich in einen emotionalen Zustand versetzen, der der Zielrealisierung zuträglich ist.	Sich nach einem Misserfolg durch eine angenehme Aktivität emotional aufbauen.
Umweltkontrolle	Aus einer Umgebung ablenkende Reize entfernen.	Das Handy beim Lernen ausschalten.

(Quelle: Brandstätter et al. 2013, S. 119)

5 Literaturverzeichnis

Ach, N. (1935). Analyse des Willens. In: E. Abderhalden. Handbuch der biologischen Arbeitsmethoden. Bd. 6, Teil E, S. 460. Berlin: Urban & Schwarzberg.

Achtziger, A. & Gollwitzer, P. M. (2009a). Intentionstheoretischer Ansatz. In: V. Brandstätter, J. H. Otto & J. Bengel. Handbuch der Allgemeinen Psychologie Motivation und Emotion, S. 209–213. Göttingen: Hogrefe.

Achtziger, A. & Gollwitzer, P. M. (2009b). Rubikonmodell der Hanldungsphasen. In: V. Brandstätter, J. H. Otto & J. Bengel. Handbuch der Allgemeinen Psychologie - Motivation und Emotion, S. 150-156. Göttingen: Hogrefe.

Achtziger, A. & Gollwitzer, P. M. (2010). Motivation und Volition im Handlungsverlauf. In: J. Heckhausen & H. Heckhausen. Motivation und Handeln, S. 309–355. 4. Auflage. Berlin, Heidelberg: Springer.

Achtziger A. & Gollwitzer P.M. (2018). Motivation und Volition im Handlungsverlauf. In: J. Heckhausen, H. Heckhausen Motivation und Handeln. Springer-Lehrbuch. Berlin, Heidelberg: Springer. https://doi.org/10.1007/978-3-662-53927-9_12

Bak P. M. (2019). Was sind Emotionen? In: Lernen, Motivation und Emotion. Angewandte Psychologie Kompakt. Berlin, Heidelberg: Springer https://doi.org/10.1007/978-3-662-59691-3_11

Brandstätter, V., Schüler, J., Puca, R. M. & Lozo, L. (2013): Motivation und Emotion. Allgemeine Psychologie für Bachelor mit 9 Tabellen Lesen, Hören, Lernen im Web. Berlin: Springer.

Brandstätter V., Schüler J., Puca R. M., Lozo L. (2018a). Emotionsregulation. In: Motivation und Emotion. Springer-Lehrbuch. Berlin, Heidelberg: Springer. https://doi.org/10.1007/978-3-662-56685-5_13

Brandstätter V., Schüler J., Puca R. M. & Lozo L. (2018b) Implizite und explizite Motive: Zwei voneinander unabhängige Motivationssysteme. In: Motivation und Emotion. Springer-Lehrbuch. Berlin, Heidelberg: Springer. https://doi.org/10.1007/978-3-662-56685-5_6

Brunstein, J. C. (2010): Implizite und explizite Motive. In: J. Heckhausen und H. Heckhausen. Motivation und Handeln, S. 235-255. 4. Auflage. Springer-Lehrbuch. Berlin, Heidelberg: Springer

Brunstein J.C. (2018). Implizite und explizite Motive. In: Heckhausen J., Heckhausen H. Motivation und Handeln. Springer-Lehrbuch. Berlin, Heidelberg: Springer. https://doi.org/10.1007/978-3-662-53927-9_9

Cannon, W. B. (1927). The James-Lange theory of emotion. American Journal of Psychology, 39, S. 106–124.

Ekman, P. (2010). Gefühle lesen. Wie Sie Emotionen erkennen und richtig interpretieren. 2. Auflage. Heidelberg: Spektrum.

Fischer, A. H., Manstead, A. S. R., Evers, C., Timmers, M. & Valk, G. (2004). Motives and norms underlying emotion regulation. In: P. Philippot & R. S. Feldman. The regulation of emotion, S. 187-212. Mahwah, NJ: Erlbaum.

Gerrig, R. J., Zimbardo, P. G. & Graf, R. (2011). Psychologie. Always learning, 18. Auflage. München: Pearson Higher Education.

Gollwitzer, P. M. (1990). Action phases and mind-sets. In: E. T. Higgins & R. M. Sorrentino. Handbook of motivation and cognition: Foundations of social behavior, 2, S. 53–92. New York: Guilford.

Gollwitzer, P. M. & Bargh, J. A. (1996). The psychology of action: Linking cognition and motivation to behavior. New York: Guilford.

Gollwitzer, P. M. & Kinney, R. F. (1989). Effects of deliberative and implemental mind-sets on the illusion of control. In: Journal of Personality and Social Psychology 56, S. 531-542.

Goschke, T. (2016). Volition und kognitive Kontrolle. In: Müsseler, J.. Allgemeine Psychologie. 2. Auflage, Nachdruck als limitierte, einfarbige Sonderauflage, S. 232–293. Berlin, Heidelberg: Springer.

Heckhausen, H. (1987). Wünschen – Wählen – Wollen. In: H. Heckhausen, P. M. Gollwitzer & F. E. Weinert. Jenseits des Rubikon: Der Wille in den Humanwissenschaften, S. 3–9. Berlin, Heidelberg, New York, Tokio: Springer

Heckhausen, H. & Gollwitzer, P. M. (1987). Thought contens and cognitive functioning in motivational versus volitional states of mind. In: Motivation and Emotion 11, S. 101–120.

Helfrich H. (2019) Emotion. In: Kulturvergleichende Psychologie. Basiswissen Psychologie. Berlin, Heidelberg: Springer. https://doi.org/10.1007/978-3-662-57665-6_8

Hochschild, A. R. (1983). The managed heart. Commercialization of human feeling. Berkeley, CA: University of California Press.

Hoffmann S., Akbar P. (2016). Emotion. In: Konsumentenverhalten. Wiesbaden: Springer Gabler. https://doi.org/10.1007/978-3-658-05628-5_4

James, W. (1884). What is emotion? Mind, 9, S. 188–205.

Jansen, L. (2018a). Emotion. 1. Auflage. Riedlingen: SRH Fernhochschule.

Jansen, L. (2018b). Motivation und Volition. 1. Auflage. Riedlingen: SRH Fernhochschule.

Kuhl, J. (1983). Motivation, Konflikt und Handlungskontrolle. Berlin, Heidelberg, New York, Tokio: Springer.

Lange, C. (1887). Über Gemütsbewegungen. Leipzig: Theodor Thomas.

Lazarus, R. S. (1966). Psychological stress and the coping process. New York: Mc Graw-Hill.

Myers, D. G., Hoppe-Graff, S. & Keller, B. (2014). Psychologie. Springer-Lehrbuch, 3. Auflage. Berlin: Springer.

Puca R. M. & Schüler J. (2017) Motivation. In: Müsseler J., Rieger M. Allgemeine Psychologie. Berlin, Heidelberg: Springer. https://doi.org/10.1007/978-3-642-53898-8_8

Rheinberg, F., Vollmeyer, R., Leplow, B. & Selg, H. (2012). Motivation. 8. Auflage. Stuttgart: Kohlhammer.

Russell, J. A. & Barrett, L. F. (1999). Core affect, prototypical emotional episodes, and other things called emotion: Dissecting the elephant. Journal of Personality and Social Psychology, 76(5), S. 805–819.

Schachter, S., & Singer, J. E. (1962). Cognitive, social, and physiological determinantes of emotional state. Psychological Review, 69, S. 379–399.

Schmalt, H. D. & Langens, T. M. (2009). Motivation. 4. Auflage. Stuttgart: Kohlhammer Verlag.

Worcester, W. L. (1893). Observation on some points in James´ Psychology. II. Emotion. The Monist, 3, S. 285–298.

BEI GRIN MACHT SICH IHR WISSEN BEZAHLT

- Wir veröffentlichen Ihre Hausarbeit, Bachelor- und Masterarbeit

- Ihr eigenes eBook und Buch - weltweit in allen wichtigen Shops

- Verdienen Sie an jedem Verkauf

Jetzt bei www.GRIN.com hochladen und kostenlos publizieren